介護福祉現場の意識改革シリーズ

事例から考える 「チーム力」

野田由佳里／岡本浄実／村上逸人　著

みらい

執筆者紹介

野田由佳里（のだゆかり）（社会福祉学博士）　聖隷クリストファー大学社会福祉学部教授
・テーマ1〜6

　介護福祉現場の実務経験を活かした講義が身上。高齢者福祉論・介護福祉論・介護過程などを担当。研究テーマは、「介護人材の定着」を柱として、ケアの思想や、介護福祉学の進展に貢献する研究を深めています。一例として、介護職の離職率の高さを危惧し、就業意識の構造分析、好循環に繋がる因子研究や、介護現場における腰痛予防に関する移乗動作解析研究も行っています。最近は人材不足対策の外国人介護労働者にも着目しています。

岡本　浄実（おかもと　きよみ）（生活福祉修士・健康科学修士）　京都文教大学こども教育学部准教授
・テーマ7〜9

　楽しい時間は、「面白さ」と「発見」があります。面白さと発見のしかけを日々、考えています。健康科学・体育・保育内容（健康）を担当。研究テーマは、健康教育。生活という視点を大切にしています。また、遊びや活動の「半分できること」をキーワードに子どもから高齢者の健康や生きがい活動を支援しています。現在は、保育実践の可視化に着目しています。

村上　逸人（むらかみ　はやひと）（社会福祉学修士）　同朋大学社会福祉学部准教授
・テーマ10〜12

　高齢者の介護過程展開や介護倫理と地域連携などを担当。研究テーマは、高齢者の介護。個人を尊重し、生活ケアに重点を置いています。介護技術に加え、育ってきた生活感覚が違っても活躍できる介護人材の養成を目指しています。現在は外国人を含めた介護の国際化と標準化に着目しています。

はじめに ―なぜチームに着目するのか―

チーム作り

　この職場で働いていたい。目の前の利用者のために、同僚（仲間、この人たち）と良いケアをしたいという思いが芽生える前提には、職場の人間関係が良いことが条件となります。人間関係が良くなると、利用者のQOL向上という介護の大目標達成のために仕事が可能になります。

　働き続けることができる職場では

　①試みが継続できる

　②利用者の変化が起きる

　③職場に変革が生まれる

という好循環モデルが存在します。

　職員が辞めない職場作りの1つの方法として、本ワークブックではさまざまなテーマを通して、所属するチームの変革や変容を目指す機会を提供し「人間関係」の良いチームを作ることを目的としています。

　また、介護職チームには

　・学べるチームをどう作るか

　・疲弊しているチームをどうエンパワーするか

　・新しいことを受け入れられないチームをどうするか

　・離職が少ないチームとは具体的な構成は何なのか

　・多職種が多いチームの中で、介護職をどうパワーアップさせるのか

　・他職種と介護職チームが専門性や価値観が共有するのはどうすべきか

など、問題が山積しています。そこで本ワークブックでは、これらの問題の解決のために、『介護職の皆様に目の前の日々の業務を見直すことで、チームでの意識変革をもたらすきっかけになり、それが結果的な利用者のQOL向上と介護そのもののやりがいにつながることを再確認』するワークを提案しています。

　また、本ワークブックでは「大きな石（日々の業務）」「山（チームでの意識変革）」「登山ルート（チーム内のメンバーの存在）」という発想でワークを構成しています。

　「登山ルート」は幾つもありますが、そこに存在する「大きな石」に出会った時に、お互いを尊重し合える土壌こそが、「山」の頂上で得られる達成感があるというイメージです。日々の業務の中で、チームメンバーを認め合い、チームの良さを認識し、人間関係の良い環境の中で、求められる高いケアを目指すきっかけになるよう、ワークを設定しています。

介護の仕事はプロだからこそできる

　介護は、社会的に必要とされ、また人と人とが心から触れ合う仕事である介護職に魅力と喜びを感じ、やりがいを持って働いている人も多くいます。筆者は、自分の心と体をコントロールしながら、ご高齢者に寄り添い続ける「介護は未来ある素晴らしい仕事」だと捉えています。

　例えば、他業種はAIが摂関する未来はそう遠くないと思います。しかし、いくらIT化が進んでも介護職は人間にしかできない職種の一つでしょう。

　筆者は介護の仕事を考える時、「ケア」と「作業」の二層として捉えています。また業務の効率は「作業」部分でしかできないと考えています。当然ながら介護はスピードでも効率でもありません。過去のデータに集積された確率で、信頼関係に裏打ちされた仕事内容を根拠づけるのは到底無理な話だからです。

　感動も笑顔も、心の働きです。現場で起きることは、高次のレベルの仕事です。技術と知識から生まれる判断を、介護職というプロフェッショナル軍団が勤務時間の中の裁量として活動します。〈利用者を知っている〉というリスクヘッジと、〈利用者の望む生活〉を支援したいと願うプロ意識が、介護職のモチベーションとなります。AIには、このモチベーションは存在しないでしょう。

　一方、1人でケアをしていると自己陶酔しがちだと自らの失敗体験が言わしめます。1人ケアは独善を生み、普遍性がなくなりがちです。理念との乖離を防ぐ手立ては、チーム（所属する、発展的に考えると帰属意識とも言える）の存在であり、職場の継続性を担保する持続力や、モチベーションを高めるのはプロ軍団が織りなすケアの集積であり、誇るべき仕事だからこその感動だというのが筆者の持論です。

介護職のK

　介護職が3Kから4K「きつい、給料が安い、汚い、帰れない」と言われたのはいつからでしょうか。更に進化・拡大化して9Kと揶揄する専門誌もかつて存在しました。一方、かつてある高齢者領域の団体組織が介護現場のイメージアップ戦略として3Kを「感謝・感動・感激」とポジティブキャンペーンを敢行しましたが、ネガティブな風潮を払拭させるだけのウェイブにはなり得ませんでした。介護福祉士養成校の教員からも3Kを「奇跡・きらめき・輝き」と、まるでキラキラネームごとくの提案もなされましたが、介護職の不人気は改善されていません。

　なぜ介護を経験していない人に、伝わらないのでしょうか？　それは「合点」でないかと捉えています。「介護は大きな喜びを感じるやりがいのある仕事、自らを成長させてくれる意義ある仕事」であると従事してこそわかる醍醐味や、やりがいだと思います。介護職は、3Kなどという一次的なことは既に飲み込んだ上で、自らに与えられた仕事として

真剣かつ謙虚に受け止めている人たちです。つまり、大変さに耐えているという点において介護の仕事に従事する人を賞賛するのは的外れなことだと思います。

　介護職の喜びは、「介護職自身が日々感じている喜び」であり、介護人材の定着促進には、その「人の温もり」を、人の心と心の触れ合う仕事を喜ぶ人をいかに支えるかということだと考えます。

本ワークブックが目指す“チーム”

　介護現場にとって望ましいチームとは何かを考えてみたいと思います。介護職の仕事はそもそも利用者のQOL向上を目指すことを目標とした、利用者との日々の関わりが仕事ですが、「目標を確実に達成するのが良い“チーム”だ」と誤解している人が多いように思います。また介護保険制度以降、介護サービスが措置から契約になったのを機に、確かに介護現場も、いつの間にか作業と数字の奴隷になっている現実もあります。

　利用者のQOL向上を目指すという目標意義の一例を紹介します。利用者のAさんは夜間帯に『お布団を膝の下に巻いている』と夜勤従事者の多くが目にしています。夜勤従事者は、Aさんの居室を訪問する際、『お布団を膝の下に巻いている』姿を楽しみに巡視をします。そしてその不思議な行動を、他の職員と共有し、利用者の就寝時における「法則」を共有する楽しみを見出します。このように夜勤でAさんの行動を見出すことがきっかけとなり、利用者との関わりを楽しみ、利用者のさまざまな言動の理由を観察する習慣ができるようになります。

　一方、24時間365日継続している（連続している）介護現場では、交替勤務故のコミュニケーション不足も指摘されています。しかし筆者は必ずしも、“チーム”のコミュニケーションが多い必要はないと考えています。確かに面と向かって話す時間には限りがありますが、「コミュニケーションツール」の工夫や、“チーム”内のルールを徹底することで解決できる部分も多いと考えています。以下にルール作りのヒントを記します。

ルール設定の４つのポイント

ルール１〈回数の減少化〉 ルール２〈権限規定の明確化〉 ルール３〈責任範囲の明示化〉 ルール４〈評価対象の具現化〉

　介護労働は感情労働と評されています。すれ違いなどのコミュニケーション不足は、多くの場合、事実ではなく、感情に左右されているように感じます。対利用者には、心を砕く感情をフル稼働して関わる一方で、“チーム”という組織の中では、冷静にルールを守ることが重要ではないかと考えます。

　本ワークブックが目指す“チーム”は、所属する部署に留まらず、組織すら動かす『モ

デルチーム』を目指しています。究極のところ、仕事を動かすのはメンバーであり、メンバーのモチベーションに依るところが大きいはずです。介護現場の複雑さは、パフォーマンスが上がれば、給与や福利厚生が上がるという単純な構図が成立しない面があります。しかし、介護"チーム"におけるモチベーションやエンゲージメントは適切にマネジメントされ、現状を打破することで、所属"チーム"の良さが確実に社会の豊かさにつながると確信しています。

　職場内研修や、リーダー研修などの場面で活用して頂けると幸いです。

参考文献：木下博之『プロフェッショナル介護人』幻冬舎　2018年
　　　　　公益社団法人日本介護福祉士会編『介護福祉士がすすめる多職種連携』中央法規出版　2018年
　　　　　井上夢人『the TEAM ザ・チーム』集英社　2018年

本ワークブックの説明

　本ワークブックは、介護の現場でのチームワークを良くする12のテーマから構成しています。

　各テーマの扉には「（1）目的」「（2）手順」「（3）ポイント＆アドバイス」が設定してありますので、研修等の趣旨に応じてテーマを選択してご利用ください。

　各テーマは「1」「2」「発展ワーク」の3ステップでワークを構成しており、それぞれに、ミニワークが設定されています。ミニワークには、それぞれサブテーマがあります。

　ミニワークの中には「登場人物」「シチュエーション」「進め方の例」「書き込み欄」「本ワークのポイント」が設定してありますので、書き込み欄などを利用し、ワークに取り組んでください。なお、12のテーマに登場する人物は『本ワークブックに登場する主な人物』でも紹介をしています。

　ワークの最後に『ほっとひと息』というタイトルのメッセージを掲載しています。コラムのような内容だと思って、一読ください。

本ワークブックに登場する主な人物

特別養護老人ホーム　さくら（地域密着型介護老人福祉施設　3ユニット29名入所）
○職　員

介護主任
崎下さん（35歳）
介護福祉士

✍まじめな性格

4階　ひるがおユニット（ショートステイ受け入れ専門ユニット）

ユニットリーダー
大河原さん（30歳）
介護福祉士

吉山さん（38歳）
介護福祉士（パート）

輪田さん（33歳）
初任者研修修了者（パート）

志水さん（28歳）
介護福祉士（夜勤専従）

3階　ゆうなぎユニット

ユニットリーダー
守山さん（27歳）
介護福祉士

遠藤さん（22歳）
介護福祉士

布施さん（23歳）
初任者研修修了者

具志堅さん（30歳）
無資格

花田さん（32歳）
介護福祉士

✍他の人のやり方を否定する

2階　あかつきユニット

ユニットリーダー
上川さん（28歳）
介護福祉士

県さん（21歳）
無資格

馬場園さん（24歳）
介護福祉士

✍楽天的な性格、口数が少ない　✍明るい性格、入所して間もない

千賀さん（32歳）
初任者研修修了者

団さん（55歳）
介護福祉士

✍思い込みの激しいベテラン

※その他、「さくら」に関わる人物に、看護師の「今中さん」、理学療法士の「神保さん」、
　生活相談員の「星野さん」、ケアマネジャーの「高野さん」が登場します。

○利用者

4階　ひるがおユニット（ショートステイ受け入れ専門ユニット）

岩田みつるさん（72歳）
アルツハイマー型認知症

3階　ゆうなぎユニット

今田秋子さん（85歳）
脳梗塞後遺症・左片麻痺・左空間無視

斉木総一郎さん（76歳）
脳梗塞後遺症・右片麻痺・失語症・
移動杖歩行

2階　あかつきユニット

柴本哲也さん（87歳）
糖尿病による下肢欠損・車椅子自走可能

大林喜久雄さん（90歳）
前立腺肥大

✍自尊心が強い

本岡きみさん（76歳）
狭心症・糖尿病

もくじ

はじめに ―なぜチームに着目するのか―

本ワークブックの説明　／7

本ワークブックに登場する主な人物　／8

テーマ1：「学べるチーム」を意識する ·· 13
　　Work 1 - 1：クレームの現状分析を行う　／14
　　Work 1 - 2：クレームの本質を解明する　／15
　　発展ワーク：クレームからチーム課題を抽出する　／16
　☆ほっとひと息：チーム一丸となってディスカッションする意義　／16

テーマ2：「介護職チーム」を意識する ·· 17
　　Work 2 - 1：外出支援計画を作成する　／18
　　Work 2 - 2：外出支援計画をユニット会議で報告する　／19
　　発展ワーク：外出支援を通して、業務の流れの協力体制について再認識する／20
　☆ほっとひと息：チームメンバーへの感謝　／20

テーマ3：「動くチーム」を意識する ··· 21
　　Work 3 - 1：利用者のことがわかるからこそ"手"が伸びる　／22
　　Work 3 - 2：業務の流れがわかるからこそ"目"が届く　／23
　　発展ワーク：チームがわかるからこそ"心"が動く　／24
　☆ほっとひと息：スムーズに流れる・豊かに流れる　／24

テーマ4：「ボトムアップチーム」を意識する ······································· 25
　　Work 4 - 1：安心していただく　／26
　　Work 4 - 2：満足していただく　／27
　　発展ワーク：信頼していただく　／28
　☆ほっとひと息：他人の援助を受け入れるプロセス　／28

テーマ5：「ポジティブチーム」を意識する ···················· 29

Work 5 − 1：集まって話す　／30

Work 5 − 2：観察して伝える　／31

発展ワーク：理解して説明する　／32

☆ほっとひと息：主観性・間主観性・客観性　／32

テーマ6：「変革チーム」を意識する ························· 33

Work 6 − 1：フレーミングを防ぐ　／34

Work 6 − 2：プランニングをする　／35

発展ワーク：ブランディングに発展させる　／36

☆ほっとひと息：一番長い人・一番短い人　／36

テーマ7：「発想転換するチーム」を意識する ··············· 37

Work 7 − 1：やる気になる　／38

Work 7 − 2：15分の体操を担当する新人　／39

発展ワーク：定義　／40

☆ほっとひと息：1円玉　／40

テーマ8：「エンパワメントチーム」を意識する ············· 41

Work 8 − 1：怒りの正体　／42

Work 8 − 2：消えたオムツ　／43

発展ワーク：アンガーマネジメント　／44

☆ほっとひと息：おひたし　／44

テーマ9：「自らチャレンジするチーム」を意識する ········· 45

Work 9 − 1：プラス1行動　／46

Work 9 − 2：行動パターン　／47

発展ワーク：反論の準備　／48

☆ほっとひと息：タイプ違えば　／48

テーマ10：「対話をするチーム」を意識する ················ 49

Work 10 − 1：なごやかな会話　／50

Work 10 − 2：報告の会話　／51

発展ワーク：アイコンタクト　／52

☆ほっとひと息：雑談は人間関係を変える魔法の杖　／52

テーマ11：「インビジブルチーム」を意識する ·· **53**

 Work 11－1：聞いていない　／54

 Work 11－2：目に見えない力　／55

 発展ワーク：察する力　／56

☆ほっとひと息：見えない心を、見えるようにする　／56

テーマ12：「具現化チーム」を意識する ·· **57**

 Work 12－1：昨日の晩ごはん　／58

 Work 12－2：今日の買い物　／59

 発展ワーク：食事をレポート　／60

☆ほっとひと息：知ってて当たり前ではないかも　／60

テーマ 1 「学べるチーム」を意識する

- ●Work 1－1：クレームの現状分析を行う
- ●Work 1－2：クレームの本質を解明する
- ●発展ワーク：クレームからチーム課題を抽出する

1 目的

① 介護職チームで早急に実践しないといけないことは何かを明らかにする

② 多職種チームと早急に実践しないといけないことは何かを明らかにする

③ 介護職チームで共有して実践しなくてはいけないことは何かを明らかにする

2 手順

① 利用者の「職員それぞれのやり方が違うから困る」ことへのクレーム対応を行う

② 利用者の安全面の確保というリスクマネジメントとして検討を行う

③ クレーム対応を契機としてチームで「ケアの統一」を図る

3 ポイント＆アドバイス

● 良いチームと成長するためには、チームメンバーの主体性を発揮することが重要です。そのためには、職場環境（経費削減、加算取得、サービス向上への取り組み等）の改善等で提案や意見を出せる雰囲気や土壌作りが大切です。

● 「成功体験を話す」「失敗体験を語る」ことで互いのケアを学ぶ機会とし、そのプロセスが現在の取り組み内容を正しく理解することにつながります。

● 例えば、職場環境の改善等に対する提案について、問われた際には提案内容にプラスして自身の意見を発言することができるチームこそがケアの標準化や個別化を導き出します。

1 クレームの現状分析を行う

登場人物
○職　員

介護主任
崎下さん（35歳）
介護福祉士

あかつきユニットリーダー
上川さん（28歳）
介護福祉士

あかつきユニット
県さん（21歳）
無資格

あかつきユニット
馬場園さん（24歳）
介護福祉士

あかつきユニット
千賀さん（32歳）
初任者研修修了者

あかつきユニット
団さん（55歳）
介護福祉士

○利用者

柴本哲也さん（87歳）
糖尿病による下肢欠損・車いす自走可能

シチュエーション
　柴本さんを担当している馬場園さん。ユニット会議で、ユニットリーダーの上川さんや、ユニットの他の職員である布施さん・具志堅さん・花田さんに事情の説明をし、協力を得ようとします。

✐進め方の例
　あかつきユニット会議で、ユニットの利用者である柴本さんから、「職員それぞれのやり方が違うから困る」というクレームが馬場園さんから話題提供されました。具体的にはベッドから車椅子移乗の方法についてのクレームです。

＊柴本さんのクレームに対して、どのような事故が考えられるか書き出してみましょう。
例：股関節脱臼

書き込み欄

💡本ワークのポイント
①介護職チームで早急に実践しないといけないことは何かを明らかにしましょう。
②互いのケア方法についてチェックする機会となります。

Work1 2 クレームの本質を解明する

登場人物

○職　員

 介護主任 **崎下さん（35歳）** 介護福祉士 　　 あかつきユニットリーダー **上川さん（28歳）** 介護福祉士

○利用者

 柴本哲也さん（87歳） 糖尿病による下肢欠損・車いす自走可能

✍柴本さんの言い分「職員それぞれのやり方が違うから困る」

✐進め方の例

　崎下さんは、先日行われたあかつきユニット会議での、柴本さんのクレーム対応を施設全体で共有すべきと考えています。そこで崎下さんは、ユニットリーダーの上川さんにケーススタディとしてまとめるよう指示を出しました。

＊柴本さんのクレーム対応から、施設全体で共有すべきことを書き出してみましょう。

書き込み欄

💡本ワークのポイント

①多職種チームと早急に実践しないといけないことは何かを明らかにしましょう。

②「障害の受容」「リハビリ職との協力」「糖尿病管理」など柴本さんへの支援を通して各専門職の持つ知識を結集させることが大切です。

クレームからチーム課題を抽出する

登場人物

介護主任
崎下さん（35歳）
介護福祉士

あかつきユニットリーダー
上川さん（28歳）
介護福祉士

ゆうなぎユニットリーダー
守山さん（27歳）
介護福祉士

看護主任
今中さん（40歳）
看護師

リハビリ職
神保さん（30歳）
理学療法士

✎ 進め方の例

　崎下さんの指示のもと、あかつきユニットリーダーの上川さんは、施設全体で月1回実施されるケース会議に、柴本さんのクレーム対応の件についての議題を提出しました。介護職の仕事内容をまとめ、他職種との連携や協力要請も行います。

＊介護職としてできること、看護職・リハビリ職へ具体的な協力要請を考えてみましょう。

書き込み欄

💡本ワークのポイント

①クレームからチーム課題を抽出することが大切です。

②ケーススタディなどの資料作成を行うにあたって、現状分析と課題をまとめ、具体策を学ぶことが大切です。

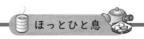
ほっとひと息

チーム一丸となってディスカッションする意義

　学べるチームの条件には、積極性や向上心が求められます。例えば、チームメンバーが委員会や会議出席時には、内容に関わらず、自ら提案するなど、主体的に発言できることが必要です。特に利用者の安全やQOL向上に関する提案や意見を出し、チームメンバー一丸となってサービスの質についてディスカッションして欲しいと思います。

テーマ 2 「介護職チーム」を意識する

- ●Work 2 - 1：外出支援計画を作成する
- ●Work 2 - 2：外出支援計画をユニット会議で報告する
- ●発展ワーク：外出支援を通して、業務の流れの協力体制について再認識する

1 目的

① 介護現場を介護職チームとして捉えることができる

② 良い支援はチームでこそ実現可能と認識できる

③ 介護の喜びの強化をチームで共有できる

2 手順

① 利用者の「桜を見たい」というニーズから外出支援をシミュレーションする

② 利用者のニーズ実現に関わる人的環境をピックアップする

③ 介護現場における「言わずもがな」を再認識する

3 ポイント＆アドバイス

- ● 介護現場では、利用者のQOLを意識し、「〜したい」というニーズに応えるための余暇支援が着目されています。けれども余暇支援を通して、ニーズが達成した場合は、「疲労感に着目」することや、より実現困難なニーズが沸き上がるリスクも当然考えておく必要があります。
- ● 余暇支援に着目する上で忘れてはいけない基本ケア。基本ケアの徹底には、専門職のみならず家族の協力も不可欠です。本ワークでは「外出したい」というニーズに応えていくプロセスの中で、介護現場に存在するサポートチームの意識化を目指しています。

Work2
1 外出支援計画を作成する

登場人物

○職　員

ゆうなぎユニットリーダー
守山さん（27歳）
介護福祉士

ゆうなぎユニット
遠藤さん（22歳）
介護福祉士

○利用者

今田秋子さん（85歳）
脳梗塞後遺症・左片麻痺・左空間無視

✐移動は室内も屋外も車椅子を使用。短い距離なら自走も可能。

✐進め方の例

　遠藤さんは、担当利用者である今田さんから、「今年こそ、お花見に行きたい」と言われています。このことをユニットリーダーの守山さんに相談したところ、計画書の作成を求められました。

＊外出支援計画に必要な項目を考えてみましょう。

```
書き込み欄




```

♀本ワークのポイント

①タイムスケジュールなど計画書の記載必須項目を考えることを意識しましょう。

②外出に付き添う職員の動きを意識しましょう。

Work2 2 外出支援計画をユニット会議で報告する

登場人物

○職　員

ゆうなぎユニットリーダー
守山さん（27歳）
介護福祉士

ゆうなぎユニット
遠藤さん（22歳）
介護福祉士

ゆうなぎユニット
布施さん（23歳）
初任者研修修了者

ゆうなぎユニット
具志堅さん（30歳）
無資格

ゆうなぎユニット
花田さん（32歳）
介護福祉士

シチュエーション

　利用者の今田さんを花見に連れ出したいと考えている遠藤さん。ユニット会議で、ユニットリーダーの守山さんや、ユニットの他の職員である布施さん・具志堅さん・花田さんに計画の説明をし、協力を得ようとします。

進め方の例

　ユニットリーダーの守山さんは、就労意欲の高い遠藤さんの「やる気」を尊重し、また一方で、最近元気がなくなってきた利用者の今田さんの楽しみの実現もしたいと思っています。しかしユニット会議では、外出企画の日に夜勤の担当になる布施さんから「疲れが原因で夜間に体調が悪くなるのは困るから、施設内の窓から桜を見るだけじゃ駄目ですか？」と反対意見が出されました。

＊他の職員への協力を得られるようにするために、ユニット会議でどのような説明が必要か考えてみましょう。

書き込み欄

本ワークのポイント

○利用者のニーズ実現には、利用者を取り巻く人的環境を整え、依頼する役割をピックアップすることが大切です。

外出支援を通して、業務の流れの協力体制について再認識する

登場人物

ゆうなぎユニット
遠藤さん（22歳）
介護福祉士

ゆうなぎユニット
布施さん（23歳）
初任者研修修了者

ゆうなぎユニット
花田さん（32歳）
介護福祉士

シチュエーション

　今田さんを花見に連れ出した遠藤さん。花見当日の勤務は、早番が花田さん、日勤が遠藤さん、夜勤が布施さんです。

✐進め方の例

　ユニット会議を踏まえ、遠藤さんは今田さんを花見に連れ出すことができ、「冥途の土産になった」ととても喜んでくれました。しかし、今田さんは花見のあと、やや疲れた様子が見られ、夜間での体調悪化が懸念されました。

＊準備をしてくれた早番の花田さんへの言葉や、これから夜勤をする布施さんへの依頼の言葉などを考えてみましょう。

書き込み欄

💡本ワークのポイント

①良い支援は、チームでこそ実現が可能となります。

②介護の喜びをチームで共有できることが大切です。

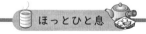
ほっとひと息

チームメンバーへの感謝

　施設ケアの中でイベントは、計画・準備に加え、イベント当日の運営に関わるスタッフが着目されます。でも、終了後の勤務者が一番大変かも……と思えるスタッフでありたいものです。

「動くチーム」を意識する

テーマ **3**

●Work 3 − 1：利用者のことがわかるからこそ"手"が伸びる
●Work 3 − 2：業務の流れがわかるからこそ"目"が届く
●発展ワーク：チームがわかるからこそ"心"が動く

1 | 目的

① チームワークの本来の意味について考えることができる
② 自分だけが動くのではなく、チームとして動くという発想を持つ
③ 思考の転換を図る

2 | 手順

① 自分だけが気づいている利用者のエピソードをあえて話し合う
② 利用者の言動を業務中心に捉えている面を見直し、個別性などについて考える
③ 他の人の話すエピソードを共有し合う

3 | ポイント＆アドバイス

● 自分がやった方が良いというのは、独断や暴走、驕りを招きます。
● 『働く』という文字は「人」を「動かす」と書くように、どれだけ人を動かせるかが介護の現場では大切です。また、チームの機動力にもつながります。
● 同僚だけでなく、利用者すらも動かす。利用者もチームの『人財』です。利用者の場合、身体的に動くことが難しい場面も多くありますが、本ワークでは心が動く『感動』ということも指しています。
● 『協働』という文字は「十人」の「力」を借りて、「動かす」と書きます。そのためには仕組みと仕掛けが重要です。
● 「気づき」から「気づかせる」／「踏ん張る」から「踏ん張らせる」／「動かす」から「動かせる」／「働く」から「人を動かして働く」。利用者とのエピソードを語り合う中で、介護そのもののやりがいや楽しさに気づき、チームケアの意義を再認識したいものです。

Work3

1 利用者のことがわかるからこそ "手" が伸びる

登場人物

○職　員

あかつきユニット
県さん（21歳）
無資格

○利用者

斉木総一郎さん（76歳）
脳梗塞後遺症・右片麻痺・失語症・
移動杖歩行

✎進め方の例

　県さんは入職して間もないですが、介護の仕事が楽しくて仕方がない様子でした。しかし、歩行支援をしていた斉木さんが転倒しそうになった時に、何をして良いのかわからなかったようです。

＊先輩（教育係若しくは当日リーダー）として県さんへの具体的なアドバイスを考えてみましょう。

書き込み欄

💡本ワークのポイント

①介助方法における基本原則について定期的に確認することは事故防止の鉄則です。

②利用者の不安感や、能力活用など知識や技術に基づいた指導法を考えましょう。

③基本的な介助方法を共有するだけではなく、利用者の歩行の特徴など個別性を意識した個別ケアについても話す機会を設けることが大切です。

Work3
2 業務の流れがわかるからこそ "目" が届く

登場人物

○職　　員

あかつきユニットリーダー
上川さん（28歳）
介護福祉士

あかつきユニット
県さん（21歳）
無資格

○利用者

大林喜久雄さん（90歳）
前立腺肥大

✐進め方の例

　県さんは経験が浅いですが、介護の仕事を楽しんでいる様子なので、ユニットリーダーの上川さんとしては嬉しく思っています。一方で介助しすぎてしまうという悪い面も目立っています。県さんは、自尊心の強い大林さんへの排泄介助中、大声で「トイレに行きますか？」と声をかけてしまい、大林さんを怒らせてしまいました。県さんへの注意をするとともに、利用者への観察視点についてアドバイスをする必要がありそうです。

＊大林さんが何故怒ったのかを考え、また介護職としてすべきこと、積極的にはしないことを書き出してみましょう。

```
書き込み欄



```

💡本ワークのポイント

①気づくためには、観察視点を伝えることが大切です。
②気づくことが苦手な人の特性に合わせた指導法も検討してみましょう。

チームがわかるからこそ "心" が動く

登場人物

○職　員

あかつきユニット
馬場園さん（24歳）
介護福祉士

あかつきユニット
県さん（21歳）
無資格

○利用者

本岡きみさん（76歳）
狭心症・糖尿病

✎進め方の例

　馬場園さんは、先輩職員として県さんの頑張りを認めている一人です。失敗続きで自信をなくしている県さんを励ます意味で、馬場園さんが経験した利用者の本岡さんとの心温まるエピソードを伝えてみようと考えています。

＊馬場園さんの立場で、本岡さんとのエピソードを考えてみましょう。

書き込み欄

♀本ワークのポイント

①介護職は利用者の生活をどの職種よりも知っているというプライドを持ちましょう。

②チームワークでの介護では、24時間365日観察ができます。利用者の行動がパターン化している介助内容を根拠としてケア方法とすることも可能です。

ほっとひと息

スムーズに流れる・豊かに流れる

望ましいチームでは『業務がスムーズに流れ』、『業務の中で豊かな時間が流れ』ます。

テーマ 4 「ボトムアップチーム」を意識する

●Work 4 − 1：安心していただく
●Work 4 − 2：満足していただく
●発展ワーク：信頼していただく

1 目的

① リスクマネジメントを意識し、事故につながる可能性を減らす
② 不適切なケアを防ぎ、QOLの向上を図る
③ 専門性の高いサービスを提供し、自立支援につなげる

2 手順

① 緊急ショートステイの受け入れ準備を行う
② 受け入れにあたって緊急のサービス担当者会議を開催する
③ フェイスシートに記載する項目について検討する

3 ポイント＆アドバイス

● 利用者や家族に安心してサービスを使っていただくには「チーム」内の情報共有が必要です。

● サービス利用開始時は、生活相談員やケアマネジャーからの情報提供からスタートする場合が最も多いパターンです。しかし、限定的な与えられた情報だけでは実際のサービスは提供できません。

● 現場から求められる情報は、インテーク担当者の視点を増やす良い機会です。

● 家族介護者にとって、毎日行っている介護をいざ言語化するのは難しいと思いますが、専門用語を家族介護者の理解しやすい身近な表現にしたフェイスシートを作成したり、項目抽出を行うことで、説明場面でのスキルアップにも有効だといえるでしょう。

Work4

1 安心していただく

登場人物

○職　員

ひるがおユニットリーダー
大河原さん（30歳）
介護福祉士

○利用者

岩田みつるさん（72歳）
緊急ショートステイに関する報告FAXの記載項目
・同居している夫が介護
・今回初のショートステイ利用
　（夫が近親者の葬儀に参列するためサービス希望）
・要介護3・麻痺なし・認知症Ⅲb・アルツハイマー型認知症
　活動：立ち上がり・移乗・移動・着替え・食事・排泄　全て一部介助
・感染症等の有無（デイサービス利用準備中であり診断書提示可能）

シチュエーション

　ひるがおユニット（ショートステイ受け入れ専門ユニット）の大河原さんが、居宅介護支援事業所のケアマネジャーより、緊急ショートステイの受け入れの依頼を受けています。

✎進め方の例

　大河原さんは、受け入れ準備を行う中で、ケアマネジャーからの情報の少なさに愕然としました。30分後に迫ったサービス受け入れまでに、ケアマネジャーに最低限必要の確認を行った上で岩田みつるさんのサービスを開始したいと考えています。

＊ケアマネジャーに確認したい項目をリストアップしましょう。

書き込み欄

💡本ワークのポイント

①サービス開始時に情報が少ない場合、介護職は受け入れに一抹の不安を覚えるものです。でも私たちは専門職チームです。柔軟性のある対応をしたいものです。

②本ワークで大切なことは、利用者が一番不安だということを忘れない視点です。利用者が安心して過ごせるために必要な情報が何かを再考して欲しいと思います。

Work4
2 満足していただく

登場人物

ひるがおユニットリーダー
大河原さん（30歳）
介護福祉士

ひるがおユニット
吉山さん（38歳）
介護福祉士（パート）

ひるがおユニット
輪田さん（33歳）
初任者研修修了者（パート）

シチュエーション

岩田さんの緊急ショートステイに向けて、準備を開始しています。

✎進め方の例

　大河原さんは、緊急ショートステイ受け入れに際し、吉山さんや輪田さんがケアをする上で困らないように簡単な申し送りをしたいと考えています。これに伴い受け入れ前にしなくてはいけないことを整理しておく必要を感じています。しかし受け入れにあたって緊急のサービス担当者会議を開催する時間はありません。

＊岩田さんの受け入れに対する配慮について書き出してみましょう。

```
書き込み欄




```

💡本ワークのポイント

①新規利用者のフェイスシートに対して、ケアマネジャーや家族から出される情報の少なさには閉口することも多いと思います。適切なケアを開始するには明らかに情報が少ないことも否定できないこともあるでしょう。

②介護の目的は「利用者のQOL」です。介護現場サイドの安心感を追求するのではなく、利用者・家族が不満を感じないためにチームとして何をするのか、建設的に考える必要があります。

信頼していただく

登場人物

 ひるがおユニットリーダー
大河原さん(30歳)
介護福祉士

 ひるがおユニット
吉山さん（38歳）
介護福祉士（パート）

 ひるがおユニット
輪田さん（33歳）
初任者研修修了者（パート）

 ひるがおユニット
志水さん（28歳）
介護福祉士（夜勤専従）

シチュエーション

　岩田さんの緊急ショートステイを受け入れています。これから日勤から夜勤への申し送りが始まります。

✏️進め方の例

　夜勤担当の志水さんは、新規利用者である岩田さんの姿を見て「僕、無理ですよ。こんな情報じゃ、朝まで事故なく預かるなんて無理です」と怒り出しています。

＊各勤務帯の申し送りを想定し、フェイスシートに記載する項目について考えてみましょう。

> 書き込み欄

💡本ワークのポイント

①一番困っているのは『利用者』や『家族』です。日頃から介護職を主語に話す習慣を持ちたいものです。

②フェイスシートを作成する際には、家族にも理解しやすく、かつサービスに必要な情報が得られるよう工夫することが大切です。

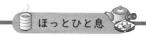 ほっとひと息

他人の援助を受け入れるプロセス

　デイサービスやショートステイの役割は、単なるサービス提供だけではなく、『他人の援助を受け入れるプロセス』として大事な役目があると思います。安心から満足を得ることで、サービス事業者を信頼できるようになると思います。

テーマ5 「ポジティブチーム」を意識する

- ●Work 5 − 1：集まって話す
- ●Work 5 − 2：観察して伝える
- ●発展ワーク：理解して説明する

1 目的

① 申し送りなどの場面で共通言語を話すことができる
② ケア会議・ユニット会議・カンファレンス・委員会などの話し合いの場面で、援助有効性について検討することができる
③ 事故報告書を作成する際に原因と対策を考えることで、今後のリスクマネジメントができる

2 手順

① 利用者のケアについて「話し合う」機会が多い職場であるため、略語の使用や、暗号のような会話になっていないかを確認し合う
② 適切なケアなのか、不適切なケアなのか、介助や支援の一つひとつに意味があることなど、援助の有効性などを振り返る
③ 事故の原因追及や今後の課題抽出を行う中で、リスクマネジメントへの意識を高めるとともに、援助の対象者は誰なのか、援助は対象者に対する意図的行動であることの再確認を行う

3 ポイント＆アドバイス

● 忙しい業務の中にあっても、「集まる」機会と、一堂に会して利用者の話をすることはとても大切な時間です。中でも不適切なケアについての指摘や批判などのネガティブな内容を話すよりも、利用者の心身状況の変化に対応して最も適切なケアを提案するなどのポジティブな内容にしたいものです。一例を挙げるならば、身体拘束が「いけないこと」と一方的に指摘するのではなく、「『安全重視』のみに思考が止まってしまい、その場面では代替ケアができなかったのでは」などと、現状分析を行うことが大切です。今までのケアではなく、これからのケアを一堂に会して話し合いましょう。

Work5

1 集まって話す

登場人物

あかつきユニットリーダー
上川さん（28歳）
介護福祉士

✍楽天的な性格、口数が少ない

あかつきユニット
団さん（55歳）
介護福祉士

✍思い込みの激しいベテラン

シチュエーション

　あかつきユニットのユニットリーダーである上川さんは、年配者が多いユニットに配属された"力量が認められた"ユニットリーダーです。楽天的な性格ですが、やや口数が少ない上川さんは、団さんの利用者に対する不適切なケアに対して「これって身体拘束じゃないの？」と思っても言い出せません。次回のユニット会議でこのことをどう伝えるのかが最近の悩みです。

✏進め方の例

　利用者の両腕に職員が強く握った跡と思われる痣が発見されました。発見した上川さんが事故報告書を作成していますが、腑に落ちません。入浴時に発見されていますが、その前夜はいつも団さんが夜勤に従事しています。

＊団さんをチームから排除することなく、不適切なケア内容のみを改善してもらえるような関わり方について考えてみましょう。

```
書き込み欄




```

💡本ワークのポイント

①不適切なケアを話題にする時に一番したい配慮は、介護職の心理状況へのサポーティブな発言や態度です。

②ネガティブな話題だからこそ、改善を求めたい職員に対してポジティブな面を承認する場であることも重要です。

Work5 2 観察して伝える

登場人物

介護主任
崎下さん（35歳）
介護福祉士

ゆうなぎユニットリーダー
守山さん（27歳）
介護福祉士

ゆうなぎユニット
具志堅さん（30歳）
無資格

シチュエーション

　ゆうなぎユニットのユニットリーダーである守山さんは、入職してきた具志堅さんが、なかなか介助内容を覚えることができないので「センスがない」のかもしれないと思い始めています。そこで介護主任の崎下さんに指導方法を相談してみました。

進め方の例

　崎下さんは、守山さんが具志堅さんに利用者のケアについて指導をしている場面を実際に確認することにしました。確かに具志堅さんは、守山さんがケアをしている様子をじっと見ています。

＊新人指導をする際のポイントを書き出してみましょう。

```
書き込み欄




```

本ワークのポイント

①「見て覚えてね」と伝えても、実際には見学しているのみで「観察」していないことが多くあります。そこで「見るべきポイント」を伝えることで観察につなげましょう。

②観察する習慣こそが、生活支援場面の大きなスキルアップにつながります。

発展ワーク　理解して説明する

登場人物

あかつきユニットリーダー
上川さん（28歳）
介護福祉士

あかつきユニット
県さん（21歳）
無資格

シチュエーション

　あかつきユニットのユニットリーダーである上川さんは、ユニットの若手職員である県さんが、何回注意をしても、何を注意しても「わかりました」と答えるばかりで、そのことが気になって仕方がありません。

✎進め方の例

＊職場にあるジェネレーションギャップについてエピソードを書き出してみましょう。

> 書き込み欄

💡本ワークのポイント

①わかった振りをして立ち去る職員にどう伝えるかが重要です。

②次世代を育てる上では、若い人のポジティブさを認める（自分に言い聞かせる）ことが大切です。

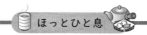
ほっとひと息

主観性・間主観性・客観性

　介護の現場では、客観的な思考を求められています。一方で、利用者の感情に寄り添うためには主観的で情緒的なものになりがちです。介護職の思い込みや、押し付けにならないために、大切なことは間主観性を意識する姿勢が重要です。

テーマ 6 「変革チーム」を意識する

●Work 6－1：フレーミングを防ぐ
●Work 6－2：プランニングをする
●発展ワーク：ブランディングに発展させる

1 目的

① 始業前に必要な準備について考えることができる
② 情報収集のための行動ができる
③ 共有空間の清掃など環境整備ができる

2 手順

① 事業所ごとの勤務時間や、各勤務帯での特徴的な業務内容について考える
② 余裕をもって仕事をするために必要な時間について考える
③ 落ち着いて行動するための事前準備について考える

3 ポイント＆アドバイス

● 良いことだから継続案、修正すべきだから代替案を考える前提には、定期的に業務を評価する（見直す）ことが必要です。求められるケアを全て業務に組み込んでしまえば、時間的にも無理が生じます。介護報酬改定が3年に1回あるように、業務内容のマイナーチェンジを定期的かつ意識的に行うことが必要です。

● 人事考課制度が介護現場でも導入されるようになってきています。業務に際し、『基本的な流れが理解できる』『習得すべきスキルがある』『スキルを活用し、適切に情報収集することができる』など、事業所ごとの評価基準を理解できることも従事者に求められています。

● 始業前に余裕を持って出勤する心構えや、情報収集をするために必要だと感じる時間に関する価値観は人によって違います。その差異を認めつつ、最低限しなくてはいけないことは何かを明らかにしたいものです。

● 業務時間の枠、勤務体の枠、フロアの枠など介護現場にはさまざまな枠（フレーミング）が考えられますが、ここでは固定概念で業務を捉えないという警鐘もかねて、フレーミングを防ぐことを意識する場とします。

Work6

1　フレーミングを防ぐ

登場人物

あかつきユニットリーダー
上川さん（28歳）
介護福祉士

シチュエーション

　勤務の開始時間について、ユニット内で亀裂が生じました。それは外国人技能実習生の「日本は開始時間にうるさいのに、終わるのは適当な国」という一言でした。始業15分前に出勤して、申し送りノートなどを確認している上川さんは、ユニットの共有スペースが雑然していることに少し苛立ちを募らせています。

✏進め方の例

　勤務時間の中で利用者のケアをするために必要な情報収集とは何かを考え、それに要する時間や、何をしているのか（何をすべきか）を共有しましょう。特に時間の使い方は、人によって多様な考え方があり、その価値観の差や、行動に関する考え方の差異を認め合う機会も必要とされます。

＊始業前の何分前に出勤しているか、準備する時間、終業時間から平均残業時間などの実態について考えてみましょう。

書き込み欄

💡本ワークのポイント

①業務時間について考えることは自分の責任範囲を意識できます。

②優先順位を考えながら、チーム内の「暗黙知」を共有します。

③勤務時間を中心として「始業前」「終業後」の枠組み（特にしなければならないこと・できればしたいこと等）を話す場を設けます。

④フレーミングする際「一番長い枠」や「一番大きな枠」に合わせるのではなく『一番必要な枠』として核心部分を明らかにします。

Work6 2 プランニングをする

登場人物

介護主任
崎下さん（35歳）
介護福祉士

シチュエーション

　特別養護老人ホームさくらが所属する社会福祉法人薫風では働き方改革を受け、各勤務帯で15分ずつ拘束時間を削減したいとの方針が出されました。つまり8時間勤務ではなく、7時間45分勤務になる予定です。

　崎下さんは、8時間勤務でも残業が多くなっている現場と、法人の方針の乖離に嘆きつつも、さくらの介護主任である以上、何かせねばと焦っています。

進め方の例

　新しいことを提案されると「受け入れがたい」「新しいことをする余裕がない」と現状の大変さに目が行きがちです。例えば、1年後に向けた話し合いをすることで、継続就労への促しの時間になるよう『自分たちの職場は自分たちで良くするのだ』と主体的な時間にするためのプラン作りをしましょう。本ワークでは、実現可能性を重視せず、「この部分が削減されたら嬉しい」など業務の中で感じる思いを表出してみましょう。

＊各勤務帯の業務内容のスリム化の提案をしましょう。

書き込み欄

本ワークのポイント

①介護職の仕事は「感情労働」と表現されるように情緒的な面がフォーカスされます。
②組織を構造化して考える習慣を持ちたいものです。

発展ワーク　ブランディングに発展させる

登場人物

介護主任
崎下さん（35歳）
介護福祉士

あかつきユニットリーダー
上川さん（28歳）
介護福祉士

ゆうなぎユニットリーダー
守山さん（27歳）
介護福祉士

ひるがおユニットリーダー
大河原さん（30歳）
介護福祉士

シチュエーション

　特別養護老人ホームさくらでは半年に1回、企画調整会議があります。企画調整会議では施設長を始め、各セクションの管理者が一同に会して、施設運営について話し合います。企画調整会議に向け、介護部門でも業務内容の見直しについて話し合うことになりました。

✏進め方の例

　夜勤を中心に、従事者数が少ない時間帯について業務内容を見直します。『小さな子どもが居ても働き続けることが可能な職場』という企業ブランドを立ち上げるために夜勤専従者を多く取り入れる前提で話し合いを行います。

＊夜勤専従者への申し送り内容の工夫を話し合いましょう。

書き込み欄

💡本ワークのポイント

①24時間365日のケアが続く介護現場では変則勤務ができる職員の存在が重要です。

②業務の見直しをすることで専門性の高い業務内容を日勤帯に変更するなどの工夫をすることで介護に関心のある人材を「人財」にしていきましょう。

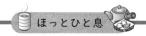
ほっとひと息

一番長い人・一番短い人

　職場にいる時間が「一番長い人」が良い訳でもなく、「一番短い人」が悪い訳でもありません。ただし、利用者に対するパフォーマンス「ケア」を良くするために、最低限すべきことは何かだけはチーム内で共有しておきましょう。24時間365日ケアは行われています。利用者の生活が望ましいものになるためにその連続性を意識したいものです。

「発想転換するチーム」を意識する

- ●Work 7 - 1 : やる気になる
- ●Work 7 - 2 : 15分の体操を担当する新人
- ●発展ワーク : 定義

1 | 目的

① 支援体験のタイプから次のステップを示すことができる

② 過去の経験と新しい発想のバランスを理解する

③ 行動を見える化することができる

2 | 手順

① 最もやる気になるシチュエーションを選び理由を説明する

② 選んだシチュエーションから支援体験を推測し発想を転換する

③ 発想の転換は、「半分できること」の冒険心を認識する

3 | ポイント&アドバイス

● レフ・ヴィゴツキーの「発達の最接近領域」を参考に、介護現場で見かける3タイプを紹介します。ここでは、介護現場に合わせたネーミングとしました。

> 【しんどロール】「資料があるからわかるよね」という放任されたような指導側の関わりは、退屈さをうみます。退屈さは、観察力を曇らせます。また、裁量がないことは、他者の目が届かず「自分なんか」という自己肯定感の低下にもつながります。
> 【頑張レール】 指導側が適切に関わることで得た経験の50%は、自信と安心を支え、50%はオリジナリティや達成感につながります。仕事や技術の「半分できること」が、技術や魅力の獲得への次のステップにもつながります。
> 【突破コール】 本人の責任感が強い場合、他者にも責任感を求め、自分にもプレッシャーをかけることになります。知らず知らずのうちに「ストレス」を抱えながらでも、周りの期待以上の成果を収めるでしょう。しかし、成功後は、燃え尽きてしまうことや刺激に慣れてしまい、チームでの仕事の仕方が変わってしまうことがあります。

　例えば、【しんどロール】タイプの職員に「新企画を提出してください。自由に考えていいですよ」と仕事を課しても、どう自由に行えばいいのか、なぜ新しい企画が必要なのか、腑に落ちないことばかり考えてしまうでしょう。このような職員には、半分できること（50%の達成感）の魅力を経験させられるよう関わることがポイントです。

Work7

1 やる気になる

登場人物

あかつきユニット
団さん（55歳）
介護福祉士

【シチュエーション】数年の付き合いのある取引先と、既存の事業について打ち合わせをする。

あかつきユニット
千賀さん（32歳）
初任者研修修了者

【シチュエーション】数年の付き合いがある取引先と、全く新しい事業について打ち合わせをする。

あかつきユニット
県さん（21歳）
無資格

【シチュエーション】初めての取引先と、全く新しい事業について打ち合わせをする。

✐進め方の例

　あかつきユニットでは、とある事業について他の取引先と打ち合わせを行う予定です。あなたが最もやる気になるシチュエーションは、登場人物の誰と一緒ですか？　①1人選び、②理由を説明しましょう。また、③ユニットリーダーとしての立場から①で選んだ人への支援を考え、仕事で生かせる次のステップへの提案もしてみましょう。

書き込み欄

①最もやる気になるシチュエーション　【　　　　　　　さん】

②選択した理由

③支援体験を推測し、次のステップへの提案

💡本ワークのポイント

①選択した「理由」の背景を推測しましょう。
②選択した理由はなぜだろうと、その人の経験に思いをはせてください。

38

Work7
2 15分の体操を担当する新人

登場人物

あかつきユニットリーダー
上川さん（28歳）
介護福祉士

あかつきユニット
県さん（21歳）
無資格

あかつきユニット
団さん（55歳）
介護福祉士

あかつきユニット
千賀さん（32歳）
初任者研修修了者

シチュエーション

　ユニットリーダーの上川さんは、新人の県さんに「ユニット利用者の皆さんでできる15分くらいの介護予防体操を計画してください」と指示をしました。

　県さんは計画書を作成し、他の職員に見てもらいました。団さんからは「ラジオ体操は面白くないわよ」と、千賀さんからは「ロコモ体操をテレビで放送していたよ」という反応がありました。

✏進め方の例

①上川さんの県さんへの指示について考えてみましょう。

②県さんが計画した「15分の体操」を実施するために必要な環境を整えるには、上川さんはリーダーとしてどのような対応が必要でしょうか。

書き込み欄

①上川さんの県さんへの指示について

②県さんの計画に対しての上川さんの環境づくり

💡本ワークのポイント

○ユニットリーダーとして環境を整える際には、多様な角度を想定することを考えながら環境をつくることが大切です。リーダーは、いろいろな意見のメリットやデメリットを担当者と一緒に整理するように心がけましょう。言葉（言語化）することで、実施できる小さな自信が生まれると思います。

発展ワーク　定義

登場人物

 あかつきユニットリーダー
上川さん（28歳）
介護福祉士

 あかつきユニット
県さん（21歳）
無資格

 あかつきユニット
団さん（55歳）
介護福祉士

シチュエーション

　あかつきユニットでのユニット会議での出来事です。利用者の柴本さんは、毎日5時に起床していることが話題になりました。

✐進め方の例

　柴本さんの行動に対して、県さんは「すごく早い時間に起きていました」と、上川さんは「早起きですよね」と、団さんは「5時起きですよね」という反応でした。

＊3人の反応も参考にしながら、あなたの「早起きの定義」を言語化しましょう。

書き込み欄

💡本ワークのポイント

①会議の前等は、チームメンバーの着眼点など発見できる良い機会です。

②ケアを通してチームメンバーを理解する手がかりを得ています。

③どれか意見を採用する方法もありますが、それぞれの「中央値」をとるような方法もあってもいいでしょう。「中央値」を数字や言葉で確認し、見える化することがケアの質を向上させることにもなります。

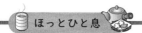

1円玉

　「1円玉は、何センチ・何グラムですか？」と聞かれたら、あなたは驚くかもしれません。意外にわからないものです。「先輩を見て覚えなさい」という指導も同じこと。見えない「不安」と背中合わせの仕事から、可視化・数値化・概念図化で「人の温もり」を伝える「誇り」が持てる介護の仕事に代わる時代が近づいています。

　（参考文献：村瀬智彦「幼児の体力・運動能力の測定—なぜ測定するのか—」

　　　　　『子どもと発育発達』vol.13、No.1　日本発育発達学会　2015年）

テーマ8 「エンパワメントチーム」を意識する

●Work 8 − 1：怒りの正体
●Work 8 − 2：消えたオムツ
●発展ワーク：アンガーマネジメント

1 目的

① チームメンバーの能力を引き出すことができる
② チームメンバーが成長するために必要な多様な視点をつなぐことができる
③ エンパワメントできるチームは、ストレッチゴールをつくることができる

2 手順

① 「○○すべき」と感じる場面を選び、理由を説明する
② 立場を変えて「消えたオムツ」が引き起こすことを推測する
③ 「なぜ？ できないの」から「どうしたらできる」という解決思考をする

3 ポイント＆アドバイス

● アンガーマネジメントは、感情のコントロールスキルとして1970年代にアメリカで生まれました。怒りを「不快な感情であると捉える」ことで怒りと付き合っていくトレーニングです。介護現場で行うチームケアの「怒り」「○○すべき」は、時として利用者の怪我や重大事故につながりかねません。

● 怒りは、上の立場から下の立場に起こるという特徴があります。また、自分のことをわかってほしい人ほど強く願ってしまう傾向もあります。しかし、受け取る側のツボを考え、駆け引きするように言葉を探していくことも「教える魅力」になるでしょう。「怒り」の感情を覚えた時は、「深呼吸（6秒数える）」、「○○すべき」を言葉にして共有することで怒りの伝染や後悔をする頻度は減るのではないでしょうか。

【オススメ】「みんなの怒りのツボを当てろ！ アンガーマネジメントゲーム」（一般社団法人日本アンガーマネジメント協会）3〜12人で20分程度のプレイ時間できるカードゲームです。施設内研修でも活用できるアイテムとしてご紹介します。

参考文献：川上陽子他『子どもと関わる人のためのアンガーマネジメント』合同出版　p.12　2016年

1 怒りの正体

シチュエーション

あなたは施設のトイレを使用していたところ、トイレットペーパーがなくなりました。代えのトイレットペーパーはあります。

✏️進め方の例

①あなたのとる行動はどれでしょう。

 A：トイレットペーパーをホルダーにセットし、次の人が使いやすいように三角形に折る。

 B：次の人のために、トイレットペーパーをホルダーにセットしておく。

 C：汚れた手でトイレットペーパーを触らない。清掃係の仕事だから代えない。

②あなたのとる行動の理由を説明してください。

書き込み欄

💡本ワークのポイント

①自分のこととして直感で選んでください。

②同じ行動を選択した人がいるでしょうか？　選択理由は同じでしょうか？　少し違いますか？

③それぞれの行動に「〇〇するべき」「〇〇するべきじゃない」という白熱したワークになることがポイントです。

④いつも仕事をしているスタッフの意外な「こだわり」や納得の「こだわり」がわかるのではないでしょうか。

Work8

2　消えたオムツ

登場人物

あかつきユニット
団さん（55歳）
介護福祉士

✍思い込みの激しいベテラン

シチュエーション

　団さんは、オムツ交換のため備品庫にオムツを取りに行きました。ところが、オムツがいつもの場所にありません。団さんは、「最後にオムツ交換した人は誰？　補充するべきでしょう」と夜勤担当者への引き継ぎ中でも怒りが収まりません。

✏進め方の例

①団さんのアンガー（○○すべき）は、どこでしょうか。

②「消えたオムツ」の何が問題だったのでしょうか。

③「消えたオムツ」の再発防止のポイントを考えましょう。

書き込み欄

①アンガー（○○すべき）

②「消えたオムツ」

③再発防止のポイント

💡本ワークのポイント

①「○○すべき」というアンガー自体が問題ではありません。コップにたまっていくような怒りの第一次感情（つらい・苦しい等）があふれる前に「気づく」チーム力が必要です。

②再発防止は、マニュアルを作ることではありません。利用者・家族・事務職員・業者など立場を変えて考え折り合いをつける思考がポイントです。

アンガーマネジメント

登場人物

あかつきユニット
千賀さん（32歳）
初任者研修修了者

シチュエーション

　千賀さんは、前任者の退職で施設の夏祭りイベントを担当することになりました。しかし引き継ぎファイルには、1枚のチラシしか入っていませんでした。

　そのため千賀さんは「『ちゃんと』引き継ぎしてくれないならできないです。なぜ僕が担当なんですか？　適当でもいいですか？」とユニットリーダーの上川さんに文句を言っていました。

✏進め方の例

①千賀さんの「ちゃんと」は、どのような引き継ぎなのでしょう。

②千賀さんの「適当でもいいですか？」という質問にあなたはアンガー（○○すべき）を感じますか？

書き込み欄

①「ちゃんと」の意味

②「適当でもいいですか？」という質問に感じたこと

💡本ワークのポイント

①「○○すべき」には、自分と同じ人、全く同じではないがわかる・許せる、自分と違うがあります。それぞれ大切にしているものには変わりありません。

②人となりを知ることでエンパワメントの推進力になります。

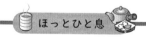
ほっとひと息

おひたし

　上司が部下に求めてきた報告・連絡・相談。通称「報連相（ほうれんそう）」。今までは、「報連相をしなければならない」とされてきました。昨今は、「怒らない・否定しない・（困りごとあれば）助ける・指示する」という「おひたし」の心得で「報連相」しやすい職場環境をつくることも求められます。

テーマ 9 「自らチャレンジするチーム」を意識する

- ●Work 9 − 1：プラス１行動
- ●Work 9 − 2：行動パターン
- ●発展ワーク：反論の準備

1 目的

① チームメンバーが成長するために必要な多様な視点をつなぐことができる

② チームメンバーの行動を分析することができる

③ 相手の中にある答えに気づくことができるチームは、自発的なケアができる

2 手順

① 相手の気づきをもたらす話し方・聞き方を考える

② あまり経験したことのない状況での対応を考える

③ さけては通れない反論には、心の準備で自主的なケアを引き出す

3 ポイント＆アドバイス

● どのような業界でも必ず新人時代があります。先輩や上司に教えてもらった経験を思い出してみてください。とても明るい気持ちで「やってみよう」と思った時と「こうやるの？」と疑問に思った時、「こんなやり方？」と失望した時などの経験があると思います。ここでは、ティーチング（教える）とコーチング（やる気を引き出す）の視点から考えてみましょう。

● 上司や先輩がティーチング（教える）ことは、基礎的な技術を獲得するプロセスではとても大切です。しかし、基礎的な技術に依存し観察の視点が狭くなることがあります。同時に、教える人以上の人材は育たないでしょう。

● 一方、上司や先輩が部下の資質に気づかせコーチングする（やる気を引き出す）ことができれば、利用者はもちろん環境・職員・資源等の観察の視野が広がる可能性があります。観察から得た視野（視点）のつながりは、自らのケアがもたらす効果として実感ができます。生活としてつながった視点は、職員の自信となります。そして、コーチングした職員の良きライバルになることでしょう。

参考文献：伊藤守監修、鈴木義幸『図解 コーチング流タイプ分けを知ってアプローチするとうまくいく』
ディスカヴァー21　pp.74-75　2006年

Work9

1 プラス1行動

登場人物

ゆうなぎユニット
遠藤さん（22歳）
介護福祉士

ゆうなぎユニット
布施さん（23歳）
初任者研修修了者

シチュエーション

　ある日のゆうなぎユニットのスタッフルームでの出来事です。布施さんは、記録の入力作業をしていた遠藤さんに「ちょっとお伺いしたいことがあるんですけど」と声をかけました。遠藤さんは、キーボードを打ちながら「どうしたの？　いいよ。聞いてるから話して」と返答をしました。

進め方の例

①2人の行動の良いところについて書き出してください。

②質問をしている布施さんに1つだけアドバイスをしてください。このアドバイスによる「プラス1行動」で遠藤さんとの距離感が近づく方法があるでしょうか。

③話を聞く遠藤さんに1つだけアドバイスをしてください。「プラス1行動」で布施さんとの距離感が近づく方法があるでしょうか。

書き込み欄

①2人の行動の良いところ

②布施さんのプラス1行動　＊例：遠藤さんに話しかける前に「すみません」と言う

③遠藤さんのプラス1行動　＊例：布施さんに「横に座って」と言う

本ワークのポイント

①愚痴を聞いてもらう時間もいいですが、自ら「聴いて」もらえる環境をつくりましょう。

②視覚・聴覚・言語の情報が異なる場合、聞き手は「視覚」の印象を重視します（メラビアンの法則）。

参考文献：秦公一『こどもがみるみる変わるコーチング』秀和システム　pp.53-55　2017年

Work9 2 行動パターン

登場人物

ゆうなぎユニットリーダー
守山さん（27歳）
介護福祉士

ゆうなぎユニット
遠藤さん（22歳）
介護福祉士

ゆうなぎユニット
布施さん（23歳）
初任者研修修了者

ゆうなぎユニット
具志堅さん（30歳）
無資格

ゆうなぎユニット
花田さん（32歳）
介護福祉士

✎他の人のやり方を否定する

シチュエーション

　ゆうなぎユニットのユニット会議でユニットリーダーの守山さんが「ユニットで居酒屋イベントを開いてみない？」と発案しました。

　花田さんは、表情が硬くなり、腕を組み「無理です」と即答しました。

　遠藤さんは「満足度調査の要望もありました。他の施設の状況を確認しましょう」と淡々と答えました。

　具志堅さんは、守山さんをみてうなずき、微笑みを浮かべながら「守山さんの意見に賛成です」とゆっくりとした口調で答えました。

　布施さんは「いいですね。たまにはパーッといきましょう。家族の人にも息抜きになりますよ。地域の方もお誘いしましょう。利用者さんには、普段できないことができる機会は必要ですよ」と熱く、拳を握りしめ語りました。

✐進め方の例

①あかつきユニットの職員の回答からイメージする人物像をネーミングしてください。

②あなたと同じ（近い）ことを考えている職員は誰でしょうか。また、同じ（近い）考えでも自分の考えとは違うと感じたところも記入しましょう。

書き込み欄

①ネーミング（例：守山さん　コミュニケーションの達人）

　花田さん：　　　　　　　　　　　　　遠藤さん：

　具志堅さん：　　　　　　　　　　　　布施さん：

②同じ（近い）考えの職員

💡本ワークのポイント

○あまり経験のないことに対しての質問に回答を求められた時の反応は、その人の特徴をつかむヒントになります。

発展ワーク

反論の準備

登場人物

ゆうなぎユニットリーダー
守山さん（27歳）
介護福祉士

シチュエーション

　ゆうなぎユニット会議でおこった「居酒屋イベント」論議。ユニットリーダーの守山さんは、「無理」と即答した花田さんにどのような対応をすればよいでしょう。

✎進め方の例

①守山さんの立場に立って、花田さんが「無理」と即答した理由の具体的な内容を聞くために質問を考えてください。

②花田さんと改めて話し合いの時間を持ちます。守山さんはどのような準備が必要だと思いますか？

書き込み欄

①花田さんの理由を聞くための質問

②「居酒屋」の話を続けるための準備

💡本ワークのポイント

　「相手の中にある答え」に気づくことが相手に伝わる言葉を教えてくれます。介護現場の上司・先輩は、自分を超える存在になってほしいと願い、スタッフを見守っていると思います。一言の言葉や一つの行動が、きっと「この人のようになりたい」というモデルになるのではないでしょうか。

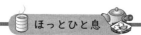

ほっとひと息

タイプ違えば

　スタッフの構成もいろいろであれば、伝え方もいろいろな方法があります。スタッフのタイプ別の伝え方の一例を紹介します。リーダーシップタイプには、結論から入る。冷静沈着タイプには、順序立てた話し方をする。注目されるタイプには、写真や図を活用してイメージを共有し話す。一般的な"いい人"タイプには、周りの賛成を得ることができる安心感を持って話をする。このように伝え方を工夫することで、職場の人間関係に「ほっとひと息」の空気が流れるのではないでしょうか。

テーマ 10 「対話をするチーム」を意識する

●Work10－1：なごやかな会話
●Work10－2：報告の会話
●発展ワーク：アイコンタクト

1 目的

① 介護職チームのメンバーと親交を保つことができる
② チームメンバーを信頼することができる
③ 共通項を意識し、チームメンバーが利用者と職員相互のために動くことができる

2 手順

① チームメンバーの互いの性格や価値観について発信されたメッセージを受け止める
② チームメンバー相互の専門や知識の違いを認識して対話を進める
③ チームメンバーの人間関係をビジュアルに構築する

3 ポイント＆アドバイス

● 組織におけるコミュニケーションには、トップダウンやその反対のボトムアップのほか、メンバーシップのコミュニケーションなどがあります。トップダウンは、組織の上部から下部へ指揮命令系統を通じて組織全体へ伝えられるものです。ボトムアップは、現場のアイデアを下部組織から上位組織へと伝達するものです。メンバーシップは縦ではなく横のつながりの組織で、サッカーのようにメンバー一人ひとりの能力により役割を果たしていく協働チームです。メンバーシップは個人のスキルアップを通じてチーム全体の力量を上げることができます。グラウンドに監督の声が届かないサッカーはボールのやり取りに互いのコミュニケーションが重要で、メンバーシップには日ごろからの互いの力量の見極めとコミュニケーション量が必要です。そうしたコミュニケーションを通じて信頼関係が生まれ育つものだと思います。

● 職場を見てみれば、コミュニケーションが多いほど離職率が低いというものがあります。親近感がある状態になれば、互いの力を頼りにすることができ、対話している相手だけでなく、他のチームメンバーに対しても良い認識が波及していきます。

参考文献：石田淳『行動科学を使ってできる人が育つ！教える技術』かんき出版 pp.30-34 2011年

Work10

1 なごやかな会話

登場人物

 ゆうなぎユニットリーダー
守山さん（27歳）
介護福祉士

 ゆうなぎユニット
遠藤さん（22歳）
介護福祉士

 ゆうなぎユニット
花田さん（32歳）
介護福祉士

✎他の人のやり方を否定する

シチュエーション

　守山さんと遠藤さんは昼休みにお茶を飲みながら雑談をしています。そこへ花田さんが加わります。

✏進め方の例

　花田さんが会話に加わった際、遠藤さんは花田さんが担当している利用者の家族について、何気なく聞きました。花田さんはけげんな顔をして「今は休み時間なので答えられません」と言いました。

＊職場の人間関係を良好に保っていくには、会話をする際に注意すべきことは何かを考え
　書いてみましょう。

```
書き込み欄



```

💡本ワークのポイント

○気の合った仲間と雑談をする時には、話が次々変化し、面白おかしく進んでいきます。
　一方で、職場での雑談は、内容によっては事実上の申し送りになり、利用者のことを話
　題にすることの是非を判断するのは難しい点もあります。性格や考え方が違う人の集団
　が職場だといえます。職員同士といえども話す時は、言葉の選択や場の状況などの点に
　注意することが必要です。対話の相手の言動やしぐさからヒントを得て会話をすすめて
　いくことが望まれます。

Work10

2 報告の会話

登場人物

介護主任
崎下さん（35歳）
介護福祉士

ユニットリーダー
上川さん（28歳）
介護福祉士

ゆうなぎユニットリーダー
守山さん（27歳）
介護福祉士

あかつきユニット
県さん（21歳）
無資格

あかつきユニット
馬場園さん（24歳）
介護福祉士

生活相談員
星野さん（40歳）
社会福祉士

ケアマネジャー
高野さん（37歳）
介護支援専門員

看護主任
今中さん（40歳）
看護師

シチュエーション

　特別養護老人ホームさくらでは、秋祭りのイベントを行う予定です。そこで、イベントの中身と利用者の身体状況から参加が可能かどうかについて確認するための会議が行われています。

✏進め方の例

　崎下さんが利用者の身体状況について報告します。会議の参加者全員が専門用語を理解できているとは限りません。

＊誰か一人を選んで、その職員の立場で発言する場合、どのようなことに気をつければよいか書いてみましょう。

```
書き込み欄



```

💡本ワークのポイント

○多くの人が関わると、時間がかかり、発言できなかったりします。会議の目的、時間、参加者が、適切かどうか会議の司会者が吟味し、納得できる結論へ導けるよう協力することが大切です。参加者一人ひとりが主役として自身の考えをはっきりと伝えられるようにしましょう。

発展ワーク　アイコンタクト

登場人物

ゆうなぎユニット
遠藤さん（22歳）
介護福祉士

ゆうなぎユニット
布施さん（23歳）
初任者研修修了者

シチュエーション

　遠藤さんと布施さんが、口腔ケアの際の利用者とのアイコンタクトの方法や、アイコンタクトの時間の目安について話し合っています。

進め方の例

①職場で経験したアイコンタクトについてふりかえり、その時の状況を書き出しましょう。

②異なる部署の職員同士が、一緒に仕事をする時にどういった状況でアイコンタクトを行うのが有効か考え、書いてみましょう。

> **書き込み欄**
>
> ①アイコンタクトした時の状況
>
>
>
> ②どういった状況でのアイコンタクトが有効か

本ワークのポイント

○アイコンタクトは、お互いに目を見るだけで相手の要求や、こちらの気持ちを伝える一つの手段です。どれくらいの時間や回数といったものはありませんが、どのような状況であっても優しいまなざしを送ることが大切です。また、利用者に対する一つの介護行為が終了したら安心のまなざしを送ってみると良いでしょう。

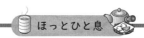
ほっとひと息

雑談は人間関係を変える魔法の杖

　雑談に対する印象は、面倒、わずらわしい等ネガティブなものを持たれているかもしれません。スピーチの前段階が雑談です。ビル・ゲイツや豊田社長のスピーチが有名です。彼らは、声を弾ませ、相手が聞きたい話をして、思いを伝える情熱を持っていました。下を向き、原稿を読んでいては、魔法の杖でも人間関係を変えられません。

テーマ11 「インビジブルチーム」を意識する

● Work11-1：聞いていない
● Work11-2：目に見えない力
● 発展ワーク：察する力

1 目的

① エンパワメントできる職員になる
② チームメンバーを信頼し、スーパービジョンができる職員になる
③ 利用者等の些細な行動や変化に気づける職員になる

2 手順

① 職員の中には「忘れた」ことを「聞いていない」という人もいるため、新たな記憶を上書きする
② 必要な情報を選別したうえで、行動すべきことが理解できるよう促す
③ 普段から注意を向けて、利用者を観察するよう意識する

3 ポイント＆アドバイス

● 「インビジブル（invisible）」は「見えない」という意味の英語です。このテーマでは、「隠れて（隠されて）見えない能力」を持っているという意味で使用しています。

● 多くの場合、福祉の職場に勤めるということは人の役に立ちたい、人のためになることをしたいとの思いを持っていることでしょう。福祉の職場は自分だけの考えで行動するのではなく、専門知識とチーム力が必要です。利用者の生活の質を向上させるために、自らの能力を高める工夫を続けることが飛躍につながります。

● 部下を持つようになれば、感情のままに発言しないことや、お互いの言葉が通じない状況をつくらないよう、別の意味を持つ言葉や違う受け取り方をされないような言葉を使用したいものです。話す時は、具体的なイメージできるように話すことや、能力や役割に合わせて必要な指示や助言をするなどして、仕事の中でも思いやりの心を込めた言葉がけをしていきましょう。

1 聞いていない

登場人物

ゆうなぎユニットリーダー
守山さん（27歳）
介護福祉士

ゆうなぎユニット
花田さん（32歳）
介護福祉士

ゆうなぎユニット
布施さん（23歳）
初任者研修修了者

他の人のやり方を否定する

ゆうなぎユニット
具志堅さん（30歳）
無資格

シチュエーション

守山さん、花田さん、具志堅さん、布施さんが参加している朝の申し送りの場面です。

進め方の例

申し送りの際、具志堅さんが「利用者の粥食から普通食への変更の申し送り内容について聞いていない」と守山さんに主張しました。板挟みの布施さんは困っています。

具志堅さんは朝の申し送りについて、毎日のことで機械的に済ませていたり他のことを考えていたりしているようです。守山さんも、早口な上に歯切れが悪い言い方の時があります。

＊どうしてこのようなことが起きるのでしょうか。改善策について書いてみましょう。

書き込み欄

本ワークのポイント

○申し送りは、情報伝達の一つです。施設の運営に関することは、パソコン等の電子上のやりとりで十分です。利用者の現在の状況や、そこに至るまでの経過は電子情報に加えて、口頭で注意を促すなど内容の取捨選択が必要です。

Work11

2 目に見えない力

登場人物

○職　員

介護主任
崎下さん（35歳）
介護福祉士

あかつきユニットリーダー
上川さん（28歳）
介護福祉士

千賀さん（32歳）
初任者研修修了者

あかつきユニット
県さん（21歳）
無資格

あかつきユニット
馬場園さん（24歳）
介護福祉士

あかつきユニット
団さん（55歳）
介護福祉士

○利用者

本岡きみさん（76歳）
狭心症・糖尿病

シチュエーション

　県さんは「好きなお菓子も食べられないのでは生きている甲斐がない」ということを本岡さんから聞きました。本岡さんは糖尿病により体調の悪化につながるため、好きなお菓子が食べられずにいます。本岡さんの求めに、県さんは「ノーが言えない性格」から、お菓子を食べさせてあげた方が良いのかどうか悩んでいます。

進め方の例

　あかつきユニットのケース会議で、本岡さんの介護方針の確認を行っています。崎下さんからの報告の後、県さんは本岡さんについての困りごとについて相談しました。

＊崎下さんの立場に立って、県さんの気持ちを考えながら、県さんの利用者第一に思う、見えない力を発揮するにはどうしたらいいか考え書いてみましょう。

┌─────────────────────────────────┐
│ 書き込み欄   │
│   │
│   │
│   │
└─────────────────────────────────┘

本ワークのポイント

○チームメンバーのインビジブルな（見えない）力を発揮させるために、職員それぞれの立場や役割を再認識して自分と意見の違う人を孤立させたり、排除したりしないようにすることが大切です。必要なサポートやガイドラインをチームメンバーに示すことができれば良い方向に進むでしょう。

発展ワーク 察する力

登場人物

○職　員

ゆうなぎユニット
遠藤さん（22歳）
介護福祉士

○利用者

今田秋子さん（85歳）
脳梗塞後遺症・左片麻痺・左空間無視

シチュエーション

　今田さんは、久しぶりに孫に会える週末を楽しみにしています。孫を迎えるため、部屋を片付け、髪を少し切りました。遠藤さんは、嬉しそうにしている様子の今田さんを見て声をかけます。

✏️進め方の例

　日ごろは、女性の利用者を担当することが少ない遠藤さん。今田さんが嬉しそうにしている様子から楽しみなことがあるのはわかりました。

＊今田さんが嬉しそうにしている理由を考えてみましょう。また、介護記録に書くべき最新情報もあわせて収集しましょう。

書き込み欄

💡本ワークのポイント

○日ごろから利用者の状況や、楽しみなことなどは、観察しておきたいものです。利用者本人が語ることがあれば、耳を傾け注意を払っておきたいものです。

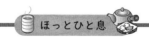

ほっとひと息

見えない心を、見えるようにする

　心の中は、誰にも見えません。利用者が介護を必要としているかどうかは、はっきりわからないものです。そこは思案のしどころですが、わからなければ、聞くほかありません。相手の状況を想像し、言葉を使って確認し注意力や観察力を鍛え、多くのセンサーを身につけていくことで、心が見えるようになると思います。

テーマ12 「具現化チーム」を意識する

- ●Work12－1：昨日の晩ごはん
- ●Work12－2：今日の買い物
- ●発展ワーク：食事をレポート

1 目的

① 利用者理解に必要な情報を集める

② 知識と利用者の状況に基づき、優先度の高い情報を見極める

③ 的確なアセスメントができるようになる

2 手順

① 情報を得ようとするあまり矢継ぎ早の質問をせず、落ち着いて記憶をたどる

② 断片的に語られる情報を整理した上で、小さなことも思い起こす

③ 全体像と印象や数字では伝えきれない細かい点に気を配ってレポートする

3 ポイント＆アドバイス

● 申し送りをはじめとしたミーティングが、毎日のルーティーンとなってよそ事を考えていたり、愚痴の井戸端会議や、事務的な連絡だけになっていないでしょうか。介護は24時間継続します。1人で継続した介護はできないため、施設では交代で勤務を行います。勤務者の交代で利用者への介護を中断させないため、継続性を担保するために申し送りをしていきます。単なる伝言ゲームにならないよう、些細なこともメモして交代者にわかるように話していきます。利用者の状況を伝える時には、事実の観察や自分なりの介護判断、行った介護内容を的確に申し送りすることができるようにしたいものです。

1 昨日の晩ごはん

登場人物

○職　員

ゆうなぎユニット
遠藤さん（22歳）
介護福祉士

○利用者

今田秋子さん（85歳）
脳梗塞後遺症・左片麻痺・左空間無視

シチュエーション

　利用者の今田さんの誕生日が来月に迫ってきました。遠藤さんは今田さんとの外の散歩の際、誕生日に食べたいものについて話しながら、昨日の晩ごはんについて話そうとしています。

✏️進め方の例

　遠藤さんは今田さんの誕生日に向けて、記憶関係機能の確認と行事食のヒントを探るため、誕生日に食べたいものや、昨日の晩ごはんの話をしながら必要な情報を得ようとしています。

＊利用者に必要な情報を得るために、注意すべきことは何かを考え、書いてみましょう。

```
書き込み欄




```

💡本ワークのポイント

○利用者の語りを邪魔しない程度の相づちを打ちながら話しましょう。記録に残すべき情報を得ようとするあまり、質問のペースが職員本位にならないようにすることが大切です。普段から、利用者の言動や視線、しぐさや発した小さな言動も見逃さないようにしてアセスメントに必要な情報を得ていきましょう。

Work12 2 今日の買い物

登場人物

○職員

ゆうなぎユニット
遠藤さん（22歳）
介護福祉士

○利用者

今田秋子さん（85歳）
脳梗塞後遺症・左片麻痺・左空間無視

上田礼子さん（60歳）
長女（介護力有）

シチュエーション

今田さん、今田さんの長女である上田礼子さん、遠藤さんの3人でスーパーへ買い物に行っています。

✏️進め方の例

遠藤さんは、今田さん親子と一緒にスーパーに行く間、今田さんの最近の様子を長女の上田礼子さんに説明しようと考えています。また、今田さんに今日の買い物について質問することも考えています。

＊共感的態度や指示的態度、明確化をする項目など話しやすい質問を順序立てて考え、書いてみましょう。

書き込み欄

💡本ワークのポイント

○アセスメントに必要な情報を的確に切り出し、どう聞いていくかが大切です。挨拶から始め、顔を見ながら利用者を知ろうという態度を持ち、普段見過ごしてしまう細かい事柄についても目を向け、様子を具現化していきましょう。

発展ワーク　食事をレポート

登場人物

○職　員

ゆうなぎユニット
遠藤さん（22歳）
介護福祉士

○利用者

今田秋子さん（85歳）
脳梗塞後遺症・左片麻痺・左空間無視

シチュエーション

　遠藤さんは今田さんの思い出の食事をはじめ、故郷の様子や、家族の思い出、好きなことなどを含めた情報収集を兼ねた対話を行いました。

進め方の例

　遠藤さんは、今田さんの話から収集した情報について、状況のわからない初めて接する職員にも理解できるよう詳細にレポートにまとめています。

＊五感（目・耳・舌・鼻・皮膚）に訴えるようにレポートするにはどういうことに気をつければよいでしょうか。

書き込み欄

本ワークのポイント

○五感に訴えるためには、目にしたものや感じたもの、時間の経過とともに、薄れゆく肌感覚についてもできるだけ細かくレポートしてみましょう。やるべきこと、観察すべきことをできるだけ詳細にわかりやすく記録し、申し送りで伝えることこそが重要です。

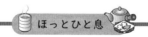

ほっとひと息

知ってて当たり前ではないかも

　見よう見まね、体で覚えてきた先輩たち。学校を出てきたから知っていて当然ではないかもしれません。自分自身が経験していないことは教えられないうえ、教えられた通りにしか動けない。「しっかり」とか「ちゃんと」の中身を伝えるようにしないと、「ヤバイ」という表現で済ます若者と変わらないですよね。

おわりに

　筆者たちが、共同研究や、現任研修の講師としての活動をし始めたきっかけは、「なぜ介護現場に就職した卒業生たちの離職が多いのか」という共通の問題意識があったからです。

　当初は、やりがいよりも、介護の仕事の大変さが上まわっているからだと安直に捉えていました。しかし、介護労働調査の結果や、独自に行った介護福祉士養成施設卒業生調査から、入職3年目までの介護職の約8割が人間関係を理由にして離職をしていることが明らかになったことが、私たちに何かできないかと研究会を発足させる契機となりました。

　その後、卒後教育・現任研修・階層別研修などのプログラム提案や実践を通して、さまざまな取り組みを行ってきていますが、一貫して変わらないのが、介護人材の定着に寄与する介入をしたいという柱です。

　また近年は筆者たち自身が家族介護を経験するプロセスを経て、介護職への期待がさらに当事者性を持って強まっていることも本ワークブック作成の後押しになりました。

　介護の仕事は感情労働と評されることが多いように思います。だからこそ、本ワークブックでは、感情の波立ちを低減するための気持ちの切り替え『変革』に着目しました。

　今後も感覚や経験測の仕事と揶揄されることへの反目とともに、人間の琴線に触れる素晴らしい仕事というリスペクトを武器に活動をして行きたいと思います。

介護福祉現場の意識改革シリーズ
事例から考える「チーム力」

2020年6月30日　初版第1刷発行

著　者	野田由佳里・岡本浄実・村上逸人
発 行 者	竹鼻　均之
発 行 所	株式会社みらい
	〒500-8137　岐阜市東興町40　第5澤田ビル
	TEL　058-247-1227（代）
	FAX　058-247-1218
	http://www.mirai-inc.jp/
印刷・製本	西濃印刷株式会社

ISBN978-4-86015-525-4
Printed in Japan　　　　　　乱丁本・落丁本はお取り替え致します。